B&C

TOBIAS MÜLLER
Bake
& THE CITY
CHRISTMAS TOURS
blv

B & C

VORWORT Seite 6

TIPPS Seite 8

ROUTE 1
WEIHNACHTSMARKT-TOUR
Seite 11

ROUTE 2
WEIHNACHTSHYGGE-TOUR
Seite 27

ROUTE 3
BERGWEIHNACHTS-TOUR
Seite 43

ROUTE 4
WEIHNACHTSGLAMOUR-TOUR
Seite 59

CHRISTMASDAY IN NEW YORK Seite 75

REZEPTÜBERSICHT Seite 76

ÜBER AUTOR UND FOTOGRAFIN Seite 78

VOM *Christkindle* WITH ♥

Hello and welcome on board …

… zu unserer kulinarischen Schlittenfahrt durch das weihnachtliche Europa.

Nachdem ich schon mit meinem Backbuch *Bake & the City* gemeinsam mit Euch quer durch Europa gereist bin und sich mein Erstling großer Beliebtheit erfreut, freue ich mich, wortwörtlich und passend zur Jahreszeit, wie ein Schneekönig, dass ich Euch mit meinen *Bake & the City Christmastours* zu den schönsten Weihnachtsmärkten entführen und mit dem süßesten Weihnachtsgebäck verführen darf. Wie schon auf unserer letzten Reise, möchte ich wieder beim Du bleiben. Schließlich reisen wir die nächsten vier Wochen zusammen über unzählige Weihnachtsmärkte und naschen süße Leckereien.

Die Adventszeit ist für mich eine ganz besondere Zeit. Verbunden mit den schönsten Kindheitserinnerungen. Wenn zur Winterzeit der Himmel leuchtend rot erstrahlte, behauptete meine Oma, die Engel würden Plätzchen backen. Was für ein wundervoller Gedanke. Umso schöner war es, dann gemeinsam mit ihr in der großen Wohnküche Kekse und Kleingebäck für den Weihnachtsteller zu backen. Berliner Brot, Nussecken, Husaren, Linzer Plätzchen, Spekulatius, Makronen, Pfeffernüsse und und und. Nicht zu vergessen ihr legendäres Spritzgebäck, welches zum krönenden Abschluss noch in Schokolade getunkt wurde.

Das erinnert mich wiederum an Rolf Zuckowskis Lied *In der Weihnachtsbäckerei*: Zwischen Mehl und Milch … und so weiter. Ja, ich war der Knilch, der zwischen Mehl und Milch eine Riesenkleckerei veranstaltete. Wer mehr über die Gebäckklassiker meiner Oma erfahren möchte, findet das ein oder andere Rezept auf meinem Blog www.kuchenbaecker.com.

Unsere *Christmastours* führen uns zunächst einmal über den ein oder anderen deutschen Weihnachtsmarkt, den wir in der ersten Woche besuchen. Danach geht es »hyggelig« weiter und wir verbringen die zweite Adventswoche in Skandinavien, wo die Weihnachtszeit besonders herzlich und gemütlich ist. Und was wäre Weihnachten ohne Schnee, Berge und Skifahren? Also verschlägt es uns in Adventswoche drei in die Berge. In der vierten und letzten Woche statten wir den europäischen Metropolen einen Besuch ab. Rom, Paris, St. Petersburg und London stehen unter anderem auf dem Programm. Das süße Finale feiern wir dann am 1. Weihnachtsfeiertag stilecht mit Cheesecake in New York! Jetzt aber rein in die Stiefel, die Bommelmütze aufgesetzt und rauf auf den Schlitten. Alle angeschnallt? Dann geht es direkt los. Ho ho ho!

Euer Kuchenbäcker

Tobias

Süße Grüße aus 29 Städten!

Auf 4 Touren erwarten Euch jeweils 6 Kleinigkeiten zum Naschen und Verschenken. An jedem Adventssonntag machen wir in einer besonderen Stadt halt und gönnen uns einen Sonntagskuchen. Verschenkt es oder backt das Buch doch einfach als Adventskalender durch!

TIPPS FÜRS *Hand* GEPÄCK

Tipps für die Backtour!

Damit Ihr die kulinarische Reise so richtig genießen könnt, findet Ihr auf dieser Seite einige Geheimtipps aus meiner Backstube. Vieles wisst Ihr wahrscheinlich ohnehin schon. Und keine Sorge, Ihr braucht für meine Rezepte kein kompliziertes Vorwissen und keine schranksprengende Profiausstattung. Wenn es mal einer Spezialform bedarf, findet Ihr Bezugsadressen oder Alternativen.

Backformen – leichtes Gepäck reicht

Leichtes Gepäck reicht: Eine Springform, ein Backblech und einige Muffinförmchen. Mehr müsst Ihr nicht haben. Dürft Ihr aber selbstverständlich. Gerade auf Reisen entdecke ich immer wieder neue Backformen, die ich unbedingt haben und ausprobieren muss. Das geht meist auch ganz einfach, solange man aufs passende Volumen achtet und dementsprechend die Backzeit anpasst. Silikonformen müssen übrigens gar nicht gefettet werden. Wenn Ihr Formen mit Backpapier auslegen wollt, halten die Zuschnitte an den Rändern perfekt, wenn Ihr sie mit etwas Butter anklebt.

Backtemperatur – andere Öfen, andere Sitten

Ich habe bei allen Rezepten Einstellung, Temperatur und Zeit mit angegeben. Die Angaben können von Ofen zu Ofen variieren. Wie bei allen Expeditionen in unbekanntes Terrain, sei es ein neues Rezept oder ein neuer Ofen, gilt: Augen offen halten, Bräunungsgrad beobachten und Stäbchenprobe nicht vergessen. Wird ein Gebäck zu dunkel, ist aber innen noch weich, mit etwas Backpapier abdecken. Bei empfindlichen Gebäcken ist ein Ofenthermometer hilfreich.

Exotische Aromen – heimischer Gaumen

Gerade zu Weihnachten greift man gewürztechnisch gerne tief ins Regal. Spezielle Mischungen habe ich als Grundrezept mit angegeben, sodass Ihr ein Döschen typisch französische oder englische Weihnachten zum Verbrauchen oder auch Verschenken stets griffbereit habt. Und wer das ein oder andere Gewürz nicht mag: einfach weglassen oder austauschen. Auch wer Rosinen oder anderes Trockenobst ersetzen möchte, kann dies in der Regel problemlos machen. Wichtig ist, dass die Ersatzzutat in etwa gleich feucht oder trocken ist, damit sich die Konsistenz nicht verändert. Vollkornmehle oder Nüsse etwa nehmen ordentlich Flüssigkeit auf.

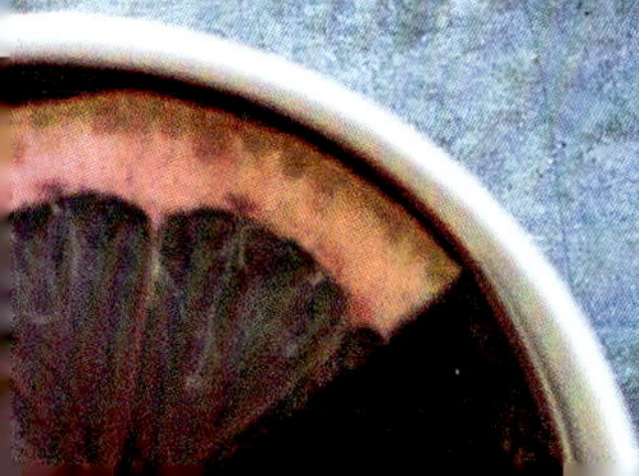

VON *Offenbach* ÜBER *Dresden* NACH *München*

ROUTE
1
Rostock
Dresden
Köln
Offenbach
Bamberg
Nürnberg
München

Hand
GEBÄCK

Offenbacher Pfeffernüsse

ZUTATEN
FÜR 40 STÜCK

Teig
170 g Honig
100 g Zucker
½ TL Zimt, gemahlen
¼ TL Nelken, gemahlen
¼ TL Muskat, gemahlen
½ TL Koriander, gemahlen
¼ TL Ingwer, gemahlen
¼ TL Piment, gemahlen
¼ TL Kardamom, gemahlen
½ TL weißer Pfeffer, gemahlen
¼ TL schwarzer Pfeffer, gemahlen
1 Ei
340 g Mehl
5 g Natron
1 EL Zitronensaft

Deko
1 Eiweiß
ca. 200 g Puderzucker

2 Backbleche mit Backpapier
1 Eisportionierer mit 3,5 cm Ø
(z. B. von Hobbybäcker Versand)

1 Honig in einem Topf auf kleinster Flamme etwas verflüssigen. Dann den Zucker dazugeben und umrühren, bis er sich fast gelöst hat. Gewürze vermengen und unter die Honig-Zucker-Mischung rühren. Vom Herd nehmen und etwa 15 Minuten abkühlen lassen.

2 Backofen auf 190 °C Ober-/Unterhitze vorheizen. Das Ei unter die Honig-Zucker-Mischung rühren. Mehl mit Natron mischen und ebenfalls unterrühren. Zum Schluss noch den Zitronensaft untermengen.

3 Mit dem Eisportionierer kleine Kugeln von 3,5 Zentimetern Durchmesser formen und im Abstand von 4 bis 5 Zentimetern auf ein vorbereitetes Backblech legen. Auf der mittleren Schiene 15 Minuten backen. Auf dem Blech abkühlen lassen.

4 Für die Eiweißglasur das Eiweiß kräftig verquirlen und dann mit dem Puderzucker zu einer dicken Eiweißglasur verrühren. Diese mit einem Esslöffel über die abgekühlten Pfeffernüsse gießen. Wer es nicht so süß mag, lässt die Glasur einfach weg.

In einer Dose halten sich die Pfeffernüsse luftdicht verpackt mindestens 4 Wochen.

ROUTE 1

Die Story

Unsere süße Reise beginnt in meiner Heimatstadt Offenbach. Die ist berühmt für ihre Pfeffernüsse. Angeblich kreierte der Zuckerbäcker Philipp Fleischmann 1757 das Rezept, nach dem schon der reisebegeisterte Goethe ganz verrückt war. Die kleinen würzigen Plätzchen sind aber auch ein ideales Handgebäck!

NE JODE
Chressdach!

Bratäpfel im Schlafrock

ZUTATEN
FÜR 4 ÄPFEL

50 g Rosinen
10 ml Rum
50 g gehackte Mandeln
4 TL Aprikosenkonfitüre
½ TL Zimt, gemahlen
4 Äpfel (z. B. Boskop)
350 g Tiefkühl-Blätterteig
1 Eigelb
etwas Milch
Puderzucker und/oder Zimt zum Bestäuben

Backblech mit Backpapier

ROUTE 1

1 Die Rosinen über Nacht in Rum ziehen lassen.

2 Backofen auf 200 °C Ober-/Unterhitze vorheizen. Für die Füllung gehackte Mandeln, Rosinen, Konfitüre und Zimt mischen. Die Äpfel schälen und das Kerngehäuse ausstechen oder -schneiden.

3 Blätterteig quadratisch ausrollen und in 4 gleich große Quadrate teilen. Jedes Stück sollte so groß sein, dass die Äpfel vollständig darin verpackt werden können. Je einen Apfel auf ein Teigquadrat setzen. Mithilfe eines Löffelstiels großzügig mit Mandelmischung füllen. Die Teigecken über die Äpfel legen und zusammendrücken.

TIPP Falls Teig übrig ist, kann man aus den Resten kleine Sterne ausstechen und auf die Nahtstellen drücken.

4 Eigelb und einen Schuss Milch zu einer Eistreiche verquirlen und die Blätterteigpakete damit einstreichen. Auf einem vorbereiteten Backblech auf der mittleren Schiene 20 Minuten backen.

5 Zum Servieren nach Geschmack mit Puderzucker oder Zimt-Puderzucker bestäuben.

Die Story

Nicht nur der Weihnachtsmarkt auf der Domplatte lockt jährlich viele Besucher nach Köln. Die Stadt verwandelt sich im Dezember in eine einzige große Weihnachtswunderwelt. Im Nikolausdorf am Rudolfsplatz haben mich die köstlichen Bratäpfel zu meiner Variante im Teigmantel inspiriert. Schnell gemacht nach einem ausgedehnten Adventsbummel!

Nikolaus
AHOI!

Nikolausschiffchen

MIT GLÜHWEINGELEE UND ZIMTSAHNEHAUBE

ZUTATEN
FÜR 40 STÜCK

Glühweingelee
750 ml trockener Rotwein
1 EL Zitronensaft
1 Pck Bourbonvanillezucker
Schale von je ½ Bio-Zitrone und Bio-Orange, dünn abgeschnitten
1 Zimtstange
1 ½ Sternanisfrüchte
3 Gewürznelken
3 Pimentkörner
1 Kardamomkapsel, angedrückt
500 g Gelierzucker 2:1

Mürbeteig
250 g Mehl + etwas zum Arbeiten
75 g Zucker, 1 Pck Vanillezucker
1 Prise Salz
100 g zimmerwarme Butter
1 Ei

Zimtsahne
500 g Sahne
2 Pck Sahnesteif
½ TL Zimt, gemahlen

3 Schraubgläser à 220 ml
Schiffchenblech, gefettet + passenden Ausstecher von Städter
Spritzbeutel mit Tülle nach Wunsch

1 Für das Gelee Rotwein, Zitronensaft, Vanillezucker, Zitrusschalen und Gewüze in einem Topf erhitzen. Kurz bevor der Rotwein zu kochen beginnt vom Herd nehmen und abgedeckt 2 bis 3 Stunden ziehen lassen.

2 Den gewürzten Wein abseihen und mit dem Gelierzucker nach Packungsanleitung aufkochen lassen. Gelierprobe machen. Kochend heiß in sterile Gläser abfüllen und fest verschließen. Für die Schiffchen braucht man nicht das gesamte Gelee. Es hält mindestens 6 Monate und eignet sich zum Füllen von Weihnachtsplätzchen und Kuchen oder als Geschenk.

3 Für den Mürbeteig alle Zutaten zügig glatt kneten. In Frischhaltefolie gewickelt 30 bis 45 Minuten im Kühlschrank ruhen lassen.

4 Den Backofen rechtzeitig auf 180 °C Ober-/Unterhitze vorheizen. Den Mürbeteig auf einer bemehlten Arbeitsfläche etwa 3 Millimeter dünn ausrollen und Schiffchen ausstechen. Diese in die Mulden des Schiffchenblechs legen. Auf der mittleren Schiene 8 bis 10 Minuten goldbraun backen. Kurz in der Form ruhen lassen, dann vorsichtig herauslösen und auf einem Kuchengitter abkühlen lassen.

5 Zum Fertigstellen der Schiffchen für die Zimtsahne Sahne mit Sahnesteif steif schlagen. Dann das Zimtpulver unterheben. Mithilfe eines Teelöffels jedes Schiffchen mit etwas Glühweingelee füllen und mit einem Spritzbeutel mit Tülle nach Wunsch Zimtsahne aufdressieren.

ROUTE 1

Die Story

Zur Eröffnung des rostocker Adventsmarktes mit Weihnachtsrummel inklusive Riesenrad, Schlemmermeile, Bühnenzauber und einem riesigen Christbaum legt der Weihnachtsmann samt seinem märchenhaften Gefolge mit einem historischen Gaffelschoner im Stadthafen an.

Striezelmuffins

MIT MARZIPAN, HASELNÜSSEN UND ROSINEN

ZUTATEN
FÜR 12 STÜCK

100 g Marzipanrohmasse
175 g zimmerwarme Butter
160 g Zucker
Mark von 1 Vanilleschote
4 Eier
325 g Mehl
1 Pck Backpulver
¼ TL Muskat, gemahlen
¼ TL Ingwer, gemahlen
¼ TL Kardamom, gemahlen
¼ TL Nelken, gemahlen
50 ml Milch
50 g Rosinen
50 g gehackte Haselnüsse
etwas Puderzucker

12er-Muffinblech mit Papierförmchen

1 Die Marzipanrohmasse ins Gefrierfach geben und anfrieren lassen. So lässt es sich später besser reiben. Den Backofen auf 180 °C Ober-/Unterhitze vorheizen.

2 Das Marzipan grob reiben oder fein würfeln und anschließend in einer Rührschüssel mit Butter, Zucker und Vanillemark cremig aufschlagen. Dann nacheinander die Eier kräftig untermixen.

3 Mehl, Backpulver und Gewürze mischen und abwechselnd mit der Milch unter die schaumige Eiermasse arbeiten, dabei nur wenig und vorsichtig rühren. Zum Schluss Rosinen und Haselnüsse unterziehen.

4 Die Masse gleichmäßig auf die Förmchen des vorbereiteten Muffinblechs verteilen, sodass sie jeweils zu etwa 2/3 gefüllt sind. Im vorgeheizten Backofen 25 bis 30 Minuten backen. Die Muffins kurz in der Form ruhen lassen, dann auf einem Kuchengitter vollständig abkühlen lassen. Zum Servieren dick mit Puderzucker abstauben.

ROUTE 1

Die Story

Der Striezelmark ist deutschland- und wohl auch weltweit der älteste Weihnachtsmarkt. Benannt ist er nach Dresdens bekanntester Leckerei, dem Stollen. Denn der hieß zur Zeit seiner Gründung 1434 mittelhochdeutsch »strutzel«. Die handlichen Stollenmuffins sind der ideale Proviant, um die mittlerweile 11 Märkte der Stadt zu erkunden.

Schneeballen

MIT AMARETTO UND SAUERRAHM

ZUTATEN
FÜR 12 STÜCK

Teig
500 g Mehl + etwas zum Arbeiten
30 g Puderzucker
1 Pck Vanillezucker
120 g zimmerwarme Butter
8 Eigelb
2 Eier
2 EL Amaretto (alternativ Orangensaft)
1 Prise Salz
200 g Saure Sahne
1–2 EL Wasser

Außerdem
neutrales Pflanzenfett zum Frittieren
etwas Puderzucker

Schneeballenform von Hobbybäcker-Versand

ROUTE 1

1 Für den Mürbeteig alle Zutaten zügig zu einem glatten, festen Teig verkneten. Das Wasser also nur bei Bedarf und vorsichtig zugeben. In Frischhaltefolie gewickelt 30 Minuten im Kühlschrank ruhen lassen.

2 Den Mürbeteig auf einer bemehlten Arbeitsfläche 3 Millimeter dünn quadratisch ausrollen. ⅓ des Teiges zur Mitte hin einschlagen, die andere Seite darüber klappen. Wieder quadratisch ausrollen. Diesen Schritt noch zweimal wiederholen, beim letzten Mal aber nicht ausrollen. Teig in Frischhaltefolie einschlagen und 15 Minuten ruhen lassen.

3 Das Frittierfett in einer Fritteuse oder einem hohen Topf erhitzen. Das Fett sollte so hoch stehen, dass die Schneeballenform mit der Kugel eingetaucht werden kann. Den gekühlten Teig 3 Millimeter dünn zu einem Quadrat ausrollen und in 12 10 × 10 Zentimeter große Quadrate schneiden. Die Innenflächen der Quadrate mit einem Teigrädchen in 1 Zentimeter breite Streifen schneiden, dabei rundum einen 1 Zentimeter breiten Rand lassen.

4 Die Schneeballen nacheinander ausbacken: Mit einem Holzlöffelstiel die Teigstreifen eines Quadrates auffädeln wie beim Weben, also jeden 2. Teigstreifen überspringen. Hebt man den Löffel an, entsteht eine Art Teiggitter-Kugel. Diese in die im Fett stehende Schneeballenform legen und goldbraun ausbacken.

5 Schneeballen mit einer Zange aus der Form nehmen, auf Küchenpapier abtropfen und vollständig auskühlen lassen. Zum Servieren großzügig mit Puderzucker bestäuben.

LACKALA!

Die Story

Unvergleichlich romantisch geht es in der historischen Altstadt von Bamberg zu, wenn der Weihnachtsmarkt sie in eine glitzernde Festmeile verwandelt. Die verlockenden Düfte haben mich zu einem Rezept für fränkische Schneeballen verführt. Die kann man wunderbar naschen, während man vom Markt aus den Krippenweg mit seinen 350 Krippen erkundet.

ROUTE 1

Fudgesterne

MIT WEISSER SCHOKOLADE UND LEBKUCHENGEWÜRZEN

ZUTATEN
FÜR CA. 50 STÜCK

570 g weiße Schokolade, klein gehackt
1 TL Zimt, gemahlen
¾ TL Ingwer, gemahlen
½ TL Piment, gemahlen
½ TL Muskat, gemahlen
½ TL Nelken, gemahlen
100 g brauner Zucker
1 Pck Vanillezucker
120 ml Zuckerrübensirup
80 ml Kondensmilch (10 % Fett, nicht gezuckert!)
15 g Mehl

eckige Auflaufform 20 × 20 cm oder Backrahmen 20 × 20, mit Backpapier ausgekleidet
Backpapier
kleine Sternenausstecher nach Wunsch

1 Die weiße Schokolade mit den Gewürzen mischen und beiseitestellen.

2 Zucker, Vanillezucker, Zuckerrübensirup, Kondensmilch und Mehl in einem Topf bei mittlerer Hitze unter Rühren erhitzen, bis sich der Zucker aufgelöst hat und die Mischung zu köcheln beginnt. Optimal sind 114 °C. Den Topf vom Herd nehmen.

3 Die gewürzte Schokolade zur heißen Kondensmilch geben und unter Rühren vollständig auflösen. Die Fudgemasse anschließend mit einem Holzlöffel so lange aufschlagen, bis sie nicht mehr glänzt.

4 Die Fudgemasse in die vorbereitete Form füllen und abgedeckt im Kühlschrank mindestens 1 Stunde ruhen lassen, bis sie schnittfest ist. Fudgeplatte aus der Form nehmen, auf ein Stück Backpapier stürzen und das obere Backpapier lösen. Sterne ausstechen (Reste in Würfel schneiden oder vernaschen) oder die Platte komplett in 2,5 Zentimeter große Würfel schneiden.

Fudge bleiben in einem luftdichten Behälter im Kühlschrank etwa 5 Tage frisch.

Die Story

Für alle Weihnachtsmarktfans ist der weltberühmte Christkindlesmarkt eine absolute Pflichtstation. Wunderbares Kunsthandwerk und Leckerbissen, wie Zwetschgenmännle, Bratwürste, Mandeln, Glühwein und natürlich Lebkuchen, lassen die Herzen höher schlagen. Als Geschenk vom Christkind habe ich Euch Fudgesterne mit Lebkuchengeschmack mitgebracht.

VOM
Christkindle
WITH ♥

Die Story

Im traditionsbewussten München erschrecken auf dem Markt am Marienplatz beim Krampuslaufen die grimmigen Begleiter des Nikolaus die Leute. Da kann was Süßes für die Nerven sicher nicht schaden. Etwa vom Münchner Stollenbäcker mit seiner Wahnsinnsauswahl. Die hat mich zu einem Münchner Spezialstollen mit gebrannten Mandeln inspiriert.

ROUTE 1

Münchner Ministollen

ZUTATEN
FÜR 4–5 STÜCK

Gebrannte Mandeln
75 g Rohrohrzucker
1 Pck Vanillezucker
¼ TL Zimt, gemahlen
60 ml Wasser
200 g unblanchierte ganze Mandeln

Stollenteig
75 g Rosinen
2 EL Rum
125 g Milch
40 g Zucker
½ Würfel frische Hefe
375 g Mehl + etwas zum Arbeiten
100 g zimmerwarme Butter
1 TL Salz
150 g gebrannte Mandeln, gehackt

Außerdem
50 g Butter, geschmolzen
3–4 EL Puderzucker

Backpapier
Mini-Stollen-Backform mit Deckel, z. B. von Hobbybäcker Versand, gefettet

1 Für die gebrannten Mandeln Rohrohrzucker, Vanillezucker und Zimt mischen und mit dem Wasser in einer beschichteten Pfanne erhitzen, bis sich der Zucker verflüssigt hat und kocht. Die Mandeln dazugeben. Beständig umrühren, damit die Mandeln nicht anbrennen und gleichmäßig benetzt werden. So lange rühren, bis der Zucker beginnt, sich wieder kristallartig abzusetzen. Hitze reduzieren und noch 1 Minute weiterrühren. Die Mandeln auf Backpapier ausbreiten und mit einem Löffel, auf keinen Fall mit den Fingern, trennen. Vollständig abkühlen lassen. 150 Gramm davon grob hacken.

2 Für den Teig Rosinen etwa 30 Minuten im Rum ziehen lassen. Dann grob hacken. Die Milch lauwarm erhitzen. Zucker und zerbröselte Hefe einrühren und 15 Minuten gehen lassen, bis sich Bläschen bilden. Mehl in eine Schüssel geben. Rosinen, Butter und Salz leicht untermischen. Hefemilch dazugießen und alles in gut 15 Minuten zu einem glatten Hefeteig verkneten. Zum Schluss die gehackten Mandeln unterkneten. Zugedeckt an einem warmen Ort in mindestens 90 Minuten zur doppelten Größe aufgehen lassen.

3 Den Backofen rechtzeitig auf 200 °C Umluft vorheizen. Den Teig nochmals kurz durchkneten. In 4 Portionen teilen und in die vorbereitete Form geben. Die Deckel aufsetzen und die Ministollen auf der mittleren Schiene 10 Minuten backen. Dann die Temperatur auf 170 °C reduzieren und weitere 20 Minuten backen. Alternativ Stollen von Hand formen und auf einem Blech mit Backpapier backen.

4 Nach dem Backen auf ein Kuchengitter stürzen und sofort rundum mit der geschmolzenen Butter einstreichen. Dick mit Puderzucker bestreuen. Auskühlen lassen.

5 In Alufolie eingewickelt mindestens 14 Tage an einem kühlen, trockenen Ort ziehen lassen.

In Alufolie hält sich Stollen 6 bis 8 Wochen.

VON Tønder ÜBER Bergen NACH Kopenhagen

ROUTE
2
Rovaniemi
Helsinki
Bergen
Oslo
Stockholm
Kopenhagen
Tønder

Glœdelig
JUL!

Gløggtrüffel

MIT GLÜHWEIN, HONIG UND DUNKLER SCHOKOLADE

ZUTATEN
FÜR CA. 30 STÜCK

Hohlkörper
200 g dunkle Kuvertüre
(70 % Kakaoanteil), klein gehackt

Füllung
150 ml Glühwein
150 g Sahne
40 ml Honig
300 g dunkle Kuvertüre
(40 % Kakaoanteil), klein gehackt

Außerdem
ca. 30 g dunkle Kuvertüre
(70 % Kakaoanteil), geschmolzen
ca. 30 Pistazienkerne

Pralinenformen, rund oder mit Weihnachtsmotiven
kleiner Spritzbeutel oder Spritzbeutel mit kleiner Fülltülle

ROUTE 2

1 Für die Hohlkörper die dunkle Kuvertüre im Wasserbad schmelzen und auf circa 32 °C temperieren, indem zuerst 2/3 der Kuvertüre auf 45 °C erhitzt werden. Dann vom Wasserbad nehmen und die restliche Kuvertüre unterrühren, bis sie geschmolzen ist und noch etwa 27 °C hat. Anschließend unter Rühren über dem Wasserbad auf 32 °C bringen. Die Kuvertüre in die Mulden der Pralinenformen füllen und darin schwenken. Die Hohlkörper in den Förmchen abkühlen lassen. Die übrige Kuvertüre zum Schließen der Pralinen aufbewahren. Alternativ gekaufte Hohlkörper verwenden.

2 Für die Füllung Glühwein, Sahne und Honig in einem Topf erhitzen, bis die Mischung kurz vorm Kochen ist. Die gehackte Kuvertüre in einer Schüssel mit der heißen Mischung übergießen und dabei langsam rühren, bis eine glatte Ganache entstanden ist.

3 Die Ganache lauwarm abkühlen lassen. Dann mithilfe eines Spritzbeutels in die Hohlformen, die dabei in der Pralinenform bleiben, füllen. Glatt streichen. Den Boden der Pralinen mit Kuvertüreresten überziehen oder offen lassen. Da die Masse fest wird, ist das kein Problem. Abkühlen lassen. Aus den Formen lösen.

4 Zum Verzieren die Pralinen auf ein Blech oder Gitter setzen. Auf jede Praline mit etwas Kuvertüre noch eine Pistazie kleben. Gekühlt bis zu 14 Tage haltbar.

Die Story

Ein wahres Weihnachtsmärchen findet man in Dänemarks Weihnachtsstadt Nr. 1. In der südjütischen Kleinstadt mit ihren romantischen Giebelhäusern werden Jultraditionen besonders gefeiert. In der Alten Apotheke sogar das ganze Jahr über. Hier befindet sich auch das Postamt des Weihnachtsmannes. Ihm würden meine Gløggtrüffel sicher auch schmecken.

ROUTE 2

Goro

ADVENTSWAFFELN MIT KARDAMOM UND VANILLE

ZUTATEN
FÜR CA. 20 STÜCK

1 Ei
120 g Zucker
325 g zimmerwarme Butter
175 g Sahne
1 EL Rum
500 g Mehl
1 EL Speisestärke
1 TL Kardamom, gemahlen
1 TL Vanillezucker
Butter oder Öl für das Hörncheneisen

Hörncheneisen (spezielles Waffeleisen mit Kegel zum Formen von Waffel-Spitztüten)

1 Ei und Zucker hell-cremig aufschlagen. Dann die Butter untermixen. Die Sahne steif schlagen und unter die Eiermasse heben. Rum unterrühren.

2 Mehl, Stärke, Kardamom und Vanillezucker mischen und mit der Eier-Butter-Masse zu einem glatten Teig verarbeiten. Den Teig in der Schüssel bündig mit Klarsichtfolie abdecken und mindestens 4 Stunden, am besten über Nacht, im Kühlschrank ruhen lassen.

3 Den Teig in 20 Portionen teilen und zu Kugeln formen. Hörncheneisen aufheizen und mit Butter oder Öl fetten.

4 Nacheinander die Waffeln goldgelb ausbacken, indem immer 1 Teigkugel mittig platziert und plattgedrückt wird. Entweder ungeformt auf einem Kuchengitter abkühlen lassen oder direkt nach dem Backen nach Gebrauchsanweisung des Eisens zu einem Hörnchen rollen. Abkühlen lassen.

TIPP: Dazu schmeckt übrigens auch die Punschcreme von den Chiemseer Punschkrapferln von Seite 48 sehr lecker.

Die Story

Im Advent erstrahlen auf dem Rådhusplas unzählige Lichter: Dann hat einer der größten Weihnachtsmärkte Norwegens begonnen. Damit Ihr auch zu Hause auf den Geschmack kommt, habe ich Goro mitgebracht. Die Waffeln isst man dort überall. Es ist übrigens Tradition, sieben Sorten Gebäck herzustellen. Ich hoffe, dass die Goro bald auch zu Euren liebsten sieben gehören.

Pfefferkuchensterne

MIT GEWÜRZEN UND MANDELN

ZUTATEN
FÜR CA. 40 STÜCK

150 g Butter
150 g Zucker
135 g dunkler Zuckerrübensirup
¼ TL Nelke, gemahlen
1 TL schwarzer Pfeffer, gemahlen
1 TL Ingwer, gemahlen
1 TL Zimt, gemahlen
1 Ei
450 g Mehl + etwas zum Arbeiten
2 TL Natron
ca. 40 blanchierte ganze Mandeln zur Dekoration

Backblech mit Backpapier
Sternausstecher ca. 6 cm Ø

1 Butter, Zucker und Sirup in einem Topf unter ständigem Rühren erwärmen, bis sich der Zucker vollständig gelöst hat. Vom Herd nehmen und die Gewürze unterrühren. Kurz abkühlen lassen. Das Ei unter die etwas abgekühlte Mischung rühren.

2 Mehl und Natron mischen und mit der Zucker-Ei-Mischung zu einem glatten Teig verkneten. In Frischhaltefolie gewickelt über Nacht gekühlt ruhen lassen.

3 Den Backofen auf 180 °C Ober-/Unterhitze vorheizen. Den Teig auf einer bemehlten Arbeitsfläche 3 Millimeter dünn ausrollen. Mit einem Sternausstecher Sterne ausstechen. Diese dünn mit Wasser bepinseln. Je eine Mandel in die Mitte jedes Sterns drücken. Auf das vorbereitete Blech verteilen und auf der mittleren Schiene in circa 10 Minuten goldbraun backen. Vollständig auf dem Blech auskühlen lassen.

Die Lebkuchen halten in einer Blechdose circa 2 Wochen.

ROUTE 2

Die Story

Dass Bergen die regenreichste Stadt Europas ist, ist bekannt. Aber wusstet Ihr, dass dort seit 1991 alljährlich auch die größte Pfefferkuchenstadt der Welt entsteht? Klar, dass ich da unbedingt hin musste. Inmitten der Lebkuchenmonumente bekam ich selbst Lust, Pepperkaker zu backen. Aber nicht gleich eine ganze Stadt. Lieber nach den kleinen Sternen greifen.

Pfefferkuchensterne mit Gewürzen und Mandeln – Route 2 – Von Tønder nach Kopenhagen –
koselig
JUL!

Joulutorttu

MIT ZIMT, RICOTTA UND PFLAUMENMUS

ZUTATEN
FÜR 10–15 STÜCK

Mürbeteig
250 g Mehl + etwas zum Arbeiten
½ TL Zimt, gemahlen
250 g zimmerwarme Butter
250 g Ricotta

Außerdem
Pflaumenmus
1 Eigelb
etwas Milch

Backblech mit Backpapier

ROUTE 2

1 Für den Teig Mehl, Zimt und Butter mit den Fingern zu einem krümeligen Teig vermengen. Dann den Ricotta unterkneten, bis ein glatter Teig entstanden ist. Diesen in Frischhaltefolie gewickelt 2 bis 3 Stunden im Kühlschrank ruhen lassen.

2 Den Teig auf einer bemehlten Arbeitsfläche 5 Millimeter dünn quadratisch ausrollen. ⅓ des Teiges zur Mitte hin einschlagen. Das andere Ende darüberklappen. Wieder quadratisch 5 Millimeter dünn ausrollen. Kleine Quadrate von 8 × 8 Zentimetern ausschneiden oder ausstechen. Jedes Quadrat an den Ecken zur Mitte hin etwa 3 Zentimeter einschneiden.

3 Den Backofen auf 220 °C Ober-/Unterhitze vorheizen. Zum Füllen in die Mitte jedes Teigstücks mit einem Teelöffel etwas Pflaumenmus geben und dann immer das rechte Ende einer jeden Quadratseite zur Mitte hin einklappen, sodass eine Windmühle entsteht. Die Überlappenden Teigspitzen vorsichtig zusammendrücken, sodass die Sterne sich beim Backen nicht wieder öffnen.

4 Die Sterne auf einem Blech mit Backpapier verteilen. Eigelb und Milch zu einer Eistreiche verquirlen und die Sterne damit bepinseln. Auf der mittleren Schiene in 12 bis 15 Minuten goldbraun backen. Kurz auf dem Blech ruhen lassen, dann auf einem Kuchengitter vollständig erkalten lassen. Hält in Dosen aufbewahrt circa 7 Tage.

Die Story

Acht Kilometer von Rovaniemi in Lappland entfernt, direkt auf dem Polarkreis, residiert der Weihnachtsmann im Santa Claus Village. Wenn er nicht gerade im Postamt Briefe stempelt, nascht er am liebsten gemütlich von den Joulutorttu, die seine fleißigen Wichtel backen. Ich konnte das Rezept ergattern … schmeckt übrigens auch mit Apfelgelee köstlich!

Hyvää
JOULUA

Runebergtörtchen

MIT MANDELN UND SIRUP

ZUTATEN
FÜR 12 STÜCK

Teig
150 g Löffelbiskuit
200 g Butter
100 g dunkler Muscovado-Zucker
100 g Zucker
2 Eier
125 g Mehl
1 TL Backpulver
100 g unblanchierte gemahlene Mandeln
1½ TL Kardamom, gemahlen

Sirup
100 ml Wasser
4 EL Zucker
2 EL Rum

Deko
100 g Puderzucker
3–4 EL Wasser
100 ml rote Konfitüre ohne Kerne (z. B. Himbeere)

12er-Muffinblech, gefettet

ROUTE 2

1 Backofen auf 180 °C Ober-/Unterhitze vorheizen. Die Löffelbiskuits in einem Blitzhacker oder in einem Gefrierbeutel mit dem Nudelholz fein zerbröseln. Butter und Zuckersorten in einer Rührschüssel hell-cremig aufschlagen. Nacheinander die Eier kräftig mit aufschlagen.

2 Mehl, Biskuitbrösel, Backpulver, Mandeln und Kardamom mischen. Unter die Eier-Butter-Mischung heben. Die Masse gleichmäßig auf die 12 Mulden der vorbereiteten Muffinform verteilen. Auf der mittleren Schiene 20 bis 25 Minuten backen. Stäbchenprobe.

3 Für den Sirup Wasser, Zucker und Rum in einem Topf langsam erhitzen, bis sich der Zucker gelöst hat. Nicht kochen lassen. Anschließend etwas abkühlen lassen.

4 Die fertigen Küchlein etwa 5 Minuten in der Form ruhen lassen. Anschließend vorsichtig aus den Mulden lösen und mit dem Boden nach oben auf ein Kuchengitter setzen. Am besten ein Blech oder Backpapier darunterlegen. Noch warm esslöffelweise mit dem lauwarmen Sirup tränken. Auf dem Gitter vollständig abkühlen lassen. Dann wenden.

5 Aus Puderzucker und Wasser einen dicken Guss anrühren. Die Oberseite der Küchlein damit verzieren. Fest werden lassen. Die Konfitüre leicht erwärmen, damit sie etwas flüssiger wird. Mit einem Teelöffel auf jedes Törtchen einen Kleks Konfitüre geben und vorsichtig etwas verteilen.

Hyvää JOULUA!

Die Story

Wenn die Beleuchtung entlang der Aleksanterinkatu – der offiziellen Weihnachtsstraße der Stadt – angeht, hat die schönste Jahreszeit Helsinkis begonnen. Neben einem ausgedehnten Advents-Schaufensterbummel sollte auch der Eispark am Bahnhofsplatz auf dem Reiseprogramm stehen. Und danach als Stärkung saftig süße Runebergtörtchen!

EINFACH
hygge!

Lussekatter

HEFEKRINGEL MIT SAFRAN

ZUTATEN
FÜR CA. 30 STÜCK

150 g Butter
500 ml Milch
1 g Safran, gemahlen
1 Würfel frische Hefe
600 g Mehl + etwas zum Arbeiten
100 g Zucker
½ TL Salz
1 Eigelb
etwas Milch
100 g Hagelzucker oder Rosinen

Backbleche mit Backpapier

ROUTE 2

1 Butter in einem Topf bei schwacher Hitze schmelzen. Milch und Safran dazugeben und unter Rühren lauwarm erhitzen. Vom Herd nehmen und die Hefe darin auflösen. Etwa 20 Minuten abgedeckt und warm gehen lassen, bis die Mischung Bläschen bildet.

2 Mehl, Zucker und Salz in einer Rührschüssel mischen. Hefemilch dazugießen und alles in gut 15 Minuten zu einem glatten Hefeteig verkneten. Nur vorsichtig und wenig Mehl dazugeben. Abgedeckt und warm in mindestens 1 Stunde zur doppelten Größe aufgehen lassen.

3 Den Hefeteig auf einer bemehlten Arbeitsfläche nochmals kurz durchkneten. In etwa 30 Portionen teilen. Jedes Teigstück zu einer fingerdicken, etwa 35 Zentimeter langen Rolle formen und diese leicht flach drücken. Für die Doppelschnecke die Enden auf den gegenüberliegenden Seiten zur Mitte hin aufrollen.

4 Die Teilchen mit etwa 5 Zentimetern Abstand auf vorbereitete Backbleche legen. Abgedeckt circa 15 Minuten ruhen lassen. Eigelb und Milch zu einer Eistreiche verquirlen und die Lussekatter damit bestreichen. Nach Geschmack mit Hagelzucker oder Rosinen bestreuen. Weitere 15 Minuten ruhen lassen.

5 Den Backofen auf 220 °C Ober-/Unterhitze vorheizen. Die Schnecken auf der mittleren Schiene in 10 bis 15 Minuten goldbraun backen. Auf dem Blech auskühlen lassen.

Die Story

Im Advent erstrahlt Stockholm im Lichterglanz, ganz besonders zum Luciafest am 13. Dezember. Traditionell serviert man dann Lussekatter. Die schmecken mir besonders gut als Proviant für Touren durch Stockholms Weihnachtsmärkte, etwa dem traditionellen im Skansen Freilichtmuseum, wo man Brot backen und Kerzen ziehen kann.

Die Story

Neben dem größten skandinavischen Markt am Tivoli solltet Ihr unbedingt auf den märchenhaft schönen Hans-Christian-Andersen-Weihnachtsmarkt gehen. Der ist, wie die ganze fußgängerfreundliche Stadt, extrem »hyggelig«. Noch gemütlicher wird es danach mit Milchreis und Grütze. In Tortenform soll der die Wichtel übrigens ganz besonders milde stimmen.

ROUTE 2

Reistorte

MIT MANDELN UND GRÜTZE

ZUTATEN
FÜR 1 TORTE

Milchreis
100 g Milchreis
100 ml Wasser
500 ml Milch
50 g Zucker
1 Pck Vanillezucker
4 Blatt Gelatine
300 g Sahne

Boden
2 Eier
100 g Zucker
100 g gemahlene blanchierte Mandeln
1 TL Zimt, gemahlen

Grütze
1 Glas Sauerkirschen
1 Pck Bourbon-Vanillepuddingpulver
¼ TL Zimt, gemahlen
¼ TL Tonkabohne, gemahlen

Außerdem
75–100 g gehackte Mandeln

Springform 26 cm Ø, Boden mit Backpapier ausgelegt
Backpapier

1 Für den Milchreis Reis und Wasser in einem Topf aufkochen. Milch dazugeben und den Reis 35 bis 40 Minuten bei schwacher Hitze gar köcheln lassen. Gelegentlich umrühren. Zuletzt Zucker und Vanillezucker unterrühren. In einer Schüssel abkühlen lassen.

2 Backofen auf 180 °C Ober-/Unterhitze vorheizen. Für den Boden Eier und Zucker hell-cremig aufschlagen. Mandeln mit Zimt mischen und unter die Eiermasse kneten. Den Teig gleichmäßig in der Springform verteilen. Auf der mittleren Schiene circa 20 Minuten backen. Aus dem Ofen nehmen und mit einem Messer den Rand lösen. 5 bis 10 Minuten in der Form ruhen lassen, dann auf einem Kuchengitter auskühlen lassen.

3 Für die Reismasse Gelatine in kaltem Wasser einweichen. Sahne steif schlagen und unter den Milchreis heben. Gelatine ausdrücken und auflösen. Zum Angleichen mit 2 Esslöffeln Milchreis verrühren, dann unter den restlichen Reis mischen.

4 Die Springform komplett mit Backpapier auskleiden. Den abgekühlten Boden einlegen. Reis darauf verteilen. Mit Frischhaltefolie abgedeckt im Kühlschrank fest werden lassen.

5 Für die Grütze die Kirschen abgießen. Dabei den Saft auffangen und mit Wasser auf insgesamt 500 Milliliter auffüllen. Vanillepuddingpulver, Zimt und Tonkabohne mischen und mit 3 bis 4 Esslöffeln Kirschwasser glatt rühren. Das restliche Kirschwasser in einem Topf aufkochen. Dann unter ständigem Rühren das gelöste Puddingpulver einlaufen und mit köcheln lassen, bis die Mischung eindickt. Kirschen unterrühren und die Grütze handwarm abkühlen lassen.

6 Die Grütze auf dem Kuchen verteilen und im Kühlschrank fest werden lassen. Zum Servieren aus der Form lösen und mit Mandeln bestreuen.

VON St. Gallen ÜBER Innsbruck NACH Wien

ROUTE
3
Fraueninsel
Lindau
St. Gallen
Innsbruck
Salzburg
Wien
Klagenfurt

Gluschtig!

Biberli

LEBKUCHEN MIT MANDEL-FÜLLUNG

ZUTATEN
FÜR CA. 50 STÜCK

Teig
160 g Honig
130 g Zucker
25 ml Wasser
1 Ei
50 ml Milch
400 g Mehl + etwas zum Arbeiten
1 TL Natron
1 TL Backpulver
¼ TL Kardamom, gemahlen
¼ TL Nelken, gemahlen
1 TL Zimt, gemahlen

Füllung
1 Eiweiß (Größe L)
100 g Zucker
250 g gemahlene unblanchierte Mandeln

Außerdem
1 Eigelb
etwas Milch

Spritzbeutel mit kleiner Lochtülle
Backblech mit Backpapier

1 Für den Teig Honig, Zucker und Wasser unter Rühren in einem Topf vorsichtig erhitzen, bis sich der Zucker gelöst hat. In einer Schüssel abkühlen lassen, dann nacheinander Ei und Milch unterrühren. Mehl, Natron, Backpulver und Gewürze mischen, anschließend mit der Honig-Ei-Masse zu einem glatten Teig verkneten. In Frischhaltefolie gewickelt mindestens 1 Stunde im Kühlschrank ruhen lassen.

2 Für die Füllung Eiweiß, Zucker und Mandeln verrühren. Die Masse in einen Spritzbeutel füllen. Den Backofen auf 180 °C Ober-/Unterhitze vorheizen. Den gekühlten Teig auf einer bemehlten Arbeitsfläche zu einem Rechteck mit 30 × 40 Zentimetern ausrollen. 5 jeweils 30 Zentimeter lange und 8 Zentimeter breite Streifen schneiden. Die Mandelfüllung längs mittig auf die Streifen spritzen. Den Teig an den Seiten einschlagen, sodass die Füllung umschlossen ist.

3 Jede Rolle in circa 3 Zentimeter breite Stücke schneiden und mit etwas Abstand und der Schnittfläche nach oben auf das vorbereitete Backblech legen. Das Eigelb mit einem Schuss Milch verquirlen und die Biberli damit bepinseln. Auf der mittleren Schiene 15 bis 20 Minuten goldbraun backen. Auf dem Blech auskühlen lassen.

In einer Blechdose bleiben sie gut 1 bis 2 Wochen frisch.

Die Story

Ab dem 1. Advent verwandeln 700 ganz besondere Lichter, die Allersterne, die Stadt der tausend Treppen in die Schweizer Sternestadt. Wem der Trubel auf den wunderbaren Weihnachtsmärkten doch mal zu viel wird, der geht einfach Schneeschuhwandern. Auf einer der Touren habe ich mich in die Biberli, eine der vielen traditionellen St. Galler Spezialitäten, verliebt.

ROUTE 3

Lindauer Möckle

MÜRBE KEKSE MIT AMARETTO

ZUTATEN
FÜR 50–60 STÜCK

300 g Zucker
1 Pck Vanillezucker
3 Eier
2 EL Amaretto
300 g Mehl + etwas zum Arbeiten

Backblech mit Backpapier

ROUTE 3

1 Zucker, Vanillezucker und Eier hell-cremig aufschlagen. Dann Amaretto unterrühren. Zum Schluss vorsichtig das Mehl unterziehen. Den Teig, der noch recht weich, eher dickflüssig ist, in der Schüssel mit Frischhaltefolie abdecken und über Nacht kühl stellen. Er bekommt dann eine eher moussige Konsistenz.

2 Am Backtag den Backofen auf 150 °C Ober-/Unterhitze vorheizen. Zum Formen der Möckle mit einem Esslöffel große Portionen vom Teig abstechen und fingerdicke Rollen daraus formen. In 5 bis 6 Zentimeter lange Stücke schneiden. Die Enden nur leicht anspitzen. Mit einem Messerrücken vorsichtig 2 schräge Kerben in jedes Stück eindrücken.

3 Die Möckle auf dem vorbereiteten Blech mit 4 bis 5 Zentimetern Abstand verteilen. Die Plätzchen verlaufen etwas im Ofen. Auf der mittleren Schiene in 10 bis 15 Minuten sehr hell backen. Sie sollten nur an den Füßen leicht goldbraun sein. Kurz auf dem Blech anziehen lassen, dann auf einem Gitter abkühlen lassen.

In einer Dose bleiben die Möckle mindestens 2 Wochen schön mürbe.

TIPP: Nach Geschmack mit Kuvertüre verzieren.

Die Story

Mit dem Schiff geht es auf die andere Seite des Bodensees zur Lindauer Hafenweihnacht. Vor einem beeindruckenden Alpenpanorama findet dort einer der schönsten Weihnachtsmärkte der Region statt. Eine traditionelle Spezialität sind die Möckle, köstliche und lange haltbare Plätzchen. Der ideale Proviant für Bergwanderungen und Citytouren!

Hand
GEBÄCK

Chiemseer Punschkrapferl

ZUTATEN
FÜR 8-10 STÜCK

Brandmasse
125 g Wasser
30 g Butter
1 Prise Salz
75 g Mehl
2 Eier

Füllung
3 Blatt Gelatine
1 Ei
1 Prise Salz
1 EL Zucker
1 EL Rum
150 ml Glühwein
125 g Sahne
1 TL Vanillezucker
½ TL Lebkuchengewürz

Zuckerguss
125 g Puderzucker
1–2 EL Glühwein
rote Lebensmittelfarbe nach Geschmack

Backblech mit Backpapier

1 Für die Brandmasse den Backofen auf 210 °C Ober-/Unterhitze vorheizen. Wasser, Butter und Salz in einem Topf bei mittlerer Hitze aufkochen. Mehl auf einmal dazugeben und mit einem Holzlöffel so lange rühren, bis ein kompakter Teigklumpen entstanden ist und sich am Boden des Topfes ein weißer Belag gebildet hat. Die Brandmasse vom Herd nehmen und kurz abkühlen lassen. Die Eier nacheinander mit den Knethaken des Handmixers sorgfältig einrühren.

2 Portionen von je ½ Esslöffel Teig mit genügend Abstand auf ein vorbereitetes Backblech geben. Auf der 2. Schiene von unten circa 30 Minuten backen. Auf einem Kuchengitter auskühlen lassen.

3 Für die Creme die Gelatine in kaltem Wasser einweichen. Das Ei trennen. Das Eiweiß mit 1 Prise Salz steif schlagen und kühl stellen. Das Eigelb mit dem Zucker und dem Rum über einem Wasserbad schaumig aufschlagen. Gelatine auflösen. Mit etwas Glühwein glatt rühren und anschließend unter den restlichen Glühwein rühren. Dann das aufgeschlagene Eigelb ebenfalls unterrühren. Die Mischung 30 bis 45 Minuten kühlen. Sie sollte aber nicht zu fest werden.

4 In der Zwischenzeit Sahne mit Vanillezucker steif schlagen. Zum Schluss Lebkuchengewürz unterrühren. Sobald die Glühweinmischung zu gelieren beginnt, Eiweiß und Lebkuchensahne unterheben. Im Kühlschrank fest werden lassen.

5 Zum Servieren die Windbeutel aufschneiden und mit Punschcreme füllen. Aus Puderzucker, Glühwein und nach Geschmack roter Lebensmittelfarbe einen dicken Zuckerguss anrühren und die Krapfen damit überziehen.

ROUTE 3

Die Story

Weihnachten im Chiemgau ist definitiv eine Reise wert. Neben dem Markt auf der Fraueninsel im Chiemsee ist die Region außerdem für die Windbeutel der Windbeutelkönigin in Ruhpolding berühmt. Die sind wirklich riesig! Nach dem Genuss eines solchen kam mir während der Wartezeit auf das Schiff zur Weihnachtsinsel die Idee zum Rezept für meine kleinen Punsch-Windbeutel.

Die Story

Land der Berge, Paradies der Zuckerbäcker und der Bergweihnachtsfans! Die ist in der Hauptstadt Tirols ganz besonders schön. Umrahmt von den Bergen findet man beim »Strawanzn« in den mittelalterlichen Gassen Kunsthandwerk und Köstlichkeiten, wie Kletzenbrot und Stollen. Und Kiacherl, Bauernkrapfen mit Marmelade.

ROUTE 3

Zimtkiacherl

MIT VANILLE UND PREISELBEEREN

ZUTATEN
FÜR CA. 10 STÜCK

Hefeteig
250 ml Milch
1 Pck Vanillezucker
½ Würfel frische Hefe
500 g Mehl + etwas zum Arbeiten
1 TL Zimt
1 Prise Salz
2 Eier
30 g zimmerwarme Butter
1 EL Rum
1 l Öl oder Butterschmalz
zum Frittieren

Außerdem
ca. 10 EL Preiselbeermarmelade
etwas Puderzucker

1 Für den Hefeteig Milch lauwarm erhitzen. Vanillezucker dazugeben, Hefe hineinbröseln und auflösen. Die Mischung gut 15 Minuten warm und abgedeckt gehen lassen, bis sich Bläschen bilden.

2 Mehl, Zimt und Salz in einer großen Schüssel mischen. Eier, Butter, Rum und die Hefemilch dazugeben und alles in gut 15 Minuten zu einem geschmeidigen Hefeteig verkneten. Der Teig putzt die Schüssel dann von selbst. Nur vorsichtig und wenig Mehl zugeben. Zugedeckt in bis zu 60 Minuten zum doppelten Volumen aufgehen lassen.

3 Den Hefeteig auf einer schwach bemehlten Arbeitsfläche nochmals kurz durchkneten. Aber nicht zu kräftig, sonst wird alle Luft herausgepresst. In 10 Portionen aufteilen und diese zu Kugeln formen. Abgedeckt nochmals kurz aufgehen lassen.

4 Das Öl zum Ausbacken rechtzeitig in einer tiefen Pfanne oder einem weiten, flachen Topf auf 180 °C erhitzen. Es ist heiß genug, wenn an einem eingetauchten Holzlöffel Bläschen aufsteigen. Teller mit Küchenpapier bereitstellen.

5 Die Kiacherl nacheinander ausbacken: Jede Portion von der Mitte zum Rand ringsherum so auseinander ziehen, dass der Teig in der Mitte dünn ist und ein dicker, breiter Rand entsteht. Sofort in das heiße Fett gleiten lassen. 2 bis 3 Minuten von jeder Seite goldbraun ausbacken. Darauf achten, dass die Mitte der Kiacherl hell bleibt. Auf Küchenpapier abtropfen lassen.

6 Zum Servieren – Kiacherl schmecken lauwarm und kalt, aber am besten am Backtag, – in die Mitte etwas Preiselbeermarmelade geben und dick mit Puderzucker bestäuben.

Weihnachtsnockerl

MIT VANILLE UND ZIMTZUCKER

ZUTATEN
FÜR 3 PORTIONEN

Nockerlmasse
7 Eiweiß
100 g Zucker
2 Eigelb
2 Pck Vanillezucker
10 g Mehl
10 g Speisestärke

Außerdem
2 EL Puderzucker
½ TL Zimt, gemahlen
nach Geschmack etwas essbarer Goldstaub

Auflaufform 20 × 17 cm, mit geschmolzener Butter gefettet

1 Backofen auf 220 °C Ober-/Unterhitze vorheizen. Die Eiweiße steif schlagen. Dabei nach und nach den Zucker einrieseln lassen, bis der Eischnee fest und glänzend ist.

2 Die beiden Eigelbe mithilfe einer Gabel mit dem Vanillezucker verquirlen und anschließend unter das geschlagene Eiweiß heben. Mehl und Speisestärke mischen, über die Eimasse sieben und ebenfalls vorsichtig unterheben.

3 Mit einem Teigschaber oder einer Teigkarte 3 große, pyramidenförmige Nocken abstechen und nebeneinander mit einer Spitze nach oben in die Auflaufform geben. Auf der mittleren Schiene 9 Minuten backen.

4 Zum Servieren Puderzucker und Zimt mischen und die Nockerl sofort noch in der Form damit bestäuben. Wer es besonders festlich mag, kann auch noch etwas essbaren Goldstaub verwenden.

ROUTE 3

Die Story

Zwischen Mönchsberg, Kapuzinerberg und den anderen Hausbergen verbergen sich ein wunderbarer Weihnachtsmarkt und kulinarische Höhepunkte, wie Mozartkugeln und die gebirgsförmigen Salzburger Nockerl. Die habe ich als Erinnerung an herrliche Winterstunden in den Bergen in einer Weihnachtsversion mit nach Hause genommen.

Kärntner Lebzeltenschnitten

ZUTATEN
FÜR 16 STÜCK

Lebkuchenmasse
200 g Löffelbiskuits
130 g Rosinen
25 ml Rum
100 g Butter
400 g Honig
400 g Mehl
1 Pck Backpulver
20 g Zimt, gemahlen
¼ TL Nelken, gemahlen
¼ TL Muskatnuss, gemahlen
¼ TL Salz
130 g gemahlene Haselnüsse
200 ml Milch
130 g Zartbitterkuvertüre, gerieben

Deko
200 g weiße Schokolade,
klein gehackt

eckige Backform 23 × 23 cm, mit Backpapier ausgelegt

1 Löffelbiskuits in einem Blitzhacker zermahlen oder mit einem Nudelholz in einem Gefrierbeutel fein zerbröseln. Beiseitestellen. Die Rosinen mit dem Rum beträufeln und etwas ziehen lassen. Die Butter bei schwacher Hitze schmelzen und etwas abkühlen lassen.

2 Den Backofen auf 180 °C Ober-/Unterhitze vorheizen. Den Honig in einem Topf bei schwacher Hitze schmelzen, bis er gut von einem Löffel fließt. Vom Herd nehmen. Mehl, Backpulver, Gewürze und Salz mischen und unter den warmen Honig rühren.

3 Haselnüsse und Biskuitbrösel mischen und abwechselnd mit der Milch und der flüssigen Butter unter die Honig-Mehl-Masse rühren. Zum Schluss die geriebene Schokolade und die Rum-Rosinen unterheben.

4 Die Masse in die vorbereitete Form geben und glatt streichen. Auf der mittleren Schiene 45 bis 50 Minuten backen. Stäbchenprobe. 15 Minuten in der Form ruhen lassen, dann samt Backpapier auf ein Kuchengitter heben und vollständig erkalten lassen.

5 Zum Verzieren die weiße Schokolade im Wasserbad schmelzen und über den quadratischen Kuchen gießen. Fest werden lassen. In 16 gleich große Quadrate schneiden. Die Küchlein schmecken am besten frisch.

ROUTE 3

Die Story

In der Hauptstadt Kärntens findet alljährlich der größte Krampusumzug Österreichs statt. Die schauerlich-grimmigen Kollegen des Nikolaus können einem schon ein wenig Angst einflößen. Mit meinen Altkärntner Lebkuchenschnitten im Gepäck werden die Nerven dank viel Schokolade und Nüssen aber schnell wieder beruhigt.

FROM
Wörthersee
WITH LOVE

Die Story

Ehe wir die bergweihnachtliche Welt Richtung Metropolen verlassen, wird es in der Weltstadt am Rande der Berge richtig festlich. Die ganze Stadt ist ein einziger Weihnachtsmarkt. Oper, Rathausplatz, Schönbrunn … alles strahlt um die Wette. Zur Feier des Tages geht's noch ins Sacher. Das Originalrezept habe ich nicht für Euch, aber meine Weihnachtshommage.

Weihnachtssacher

MIT GEWÜRZEN UND ANANASMARMELADE

ZUTATEN
FÜR EINE KLEINE TORTE

Biskuitmasse
120 g dunkle Kuvertüre, klein gehackt
120 g Butter
6 Eier
80 g Zucker
100 g Puderzucker
80 g Mehl
40 g Speisestärke
1 TL Zimt, gemahlen
¼ TL Nelken, gemahlen

Füllung
9 EL Ananasmarmelade

Glasur
100 g Zartbitterkuvertüre, klein gehackt
100 g Butter
¼ TL Kardamom, gemahlen

Deko
2 EL Puderzucker

24er-Springform, Boden mit Backpapier ausgelegt, Ränder gefettet
Papiersterne nach Wunsch

1 Backofen auf 180 °C Ober-/Unterhitze vorheizen. Kuvertüre zusammen mit der Butter bei schwacher Hitze schmelzen lassen und glatt rühren. Handwarm abkühlen lassen. Eier trennen. Eiweiß mit Zucker steif schlagen und beiseitestellen. Eigelb in einer Rührschüssel mit dem Puderzucker hell-cremig aufschlagen.

2 Schokoladen-Butter unter die Eigelbmasse heben. Anschließend vorsichtig den Eischnee unterziehen. Mehl, Stärke und Gewürze mischen und unterheben.

3 Die Biskuitmasse in die vorbereitete Form füllen und auf der mittleren Schiene in den Ofen schieben. Die Ofentür mit einem Holzkochlöffel einen Spalt geöffnet halten und den Kuchen 10 Minuten backen. Dann die Temperatur auf 160 °C reduzieren und in etwa 50 Minuten bei geschlossener Ofentür fertig backen. Stäbchenprobe! Den Kuchen kurz in der Form ruhen lassen, dann auf einem Kuchengitter abkühlen lassen.

4 Kuchen zu 2 Böden schneiden. Die Ananasmarmelade bei schwacher Hitze erwärmen, dann durch ein feines Sieb streichen. Etwa 3 Esslöffel davon auf den unteren Boden streichen. Den oberen Boden aufsetzen und die Torte mit der restlichen Marmelade komplett bepinseln.

5 Für die Glasur Kuvertüre und Butter zusammen mit dem Kardamom bei schwacher Hitze in einem kleinen Topf unter Rühren schmelzen lassen. Gleichmäßig auf dem Kuchen verteilen. Auch die Ränder vollständig überziehen. Fest werden lassen.

6 Für die Deko Papiersterne auflegen und den Kuchen mit Puderzucker abstauben. Schablonen entfernen.

VON St. Petersburg ÜBER London NACH Paris

ROUTE
4
St. Petersburg
London
Berlin
Warschau
Paris
Straßburg
Rom

Sochelnikcookies

HONIGKUCHEN MIT PFLAUMENMUS

ZUTATEN
FÜR 18 STÜCK

Teig
30 g Butter
190 g Honig
1 Ei
250 g Mehl + etwas zum Arbeiten
¼ TL Natron
¼ TL Kardamom, gemahlen
¼ TL Ingwer, gemahlen
¼ TL Muskatblüte, gemahlen
¼ TL Zimt, gemahlen
20 g gemahlene Haselnüsse

Füllung
175 g Pflaumenmus

Glasur
100 g Puderzucker
2 EL Zitronensaft

runder Ausstecher oder
Glas mit 6 cm Ø
Backblech mit Backpapier

1 Für den Teig Butter und Honig cremig aufschlagen. Dann das Ei kräftig mit untermixen. Mehl, Natron, Gewürze und Haselnüsse mischen und zur Butter-Honig-Masse geben. Alles zu einem glatten Teig verkneten. In Frischhaltefolie gewickelt mindestens 1 Stunde im Kühlschrank ruhen lassen.

2 Backofen auf 180 °C Ober-/Unterhitze vorheizen. Den Teig auf einer bemehlten Arbeitsfläche 3 Millimeter dünn ausrollen und 6 Zentimeter große Kreise ausstechen. Zum Füllen mit einem Teelöffel das Pflaumenmus auf die Hälfte der Teigkreise verteilen und mit jeweils einem Teigkreis abdecken. Die Ränder mit den Fingern gut andrücken.

3 Die gefüllten Cookies mit etwas Abstand auf ein vorbereitetes Backblech legen und 10 Minuten auf der mittleren Schiene backen. Dann die Temperatur auf 160 °C reduzieren und weitere 8 bis 10 Minuten backen. Auf einem Kuchengitter auskühlen lassen.

4 Zum Verzieren aus Puderzucker und Zitronensaft eine Zuckerglasur anrühren und die Kekse damit bestreichen oder besprenkeln.

In Blechdosen halten die Cookies gut 1 bis 2 Wochen.

ROUTE 4

Die Story

Vor dem orthodoxen Heiligabend Sochelnik am 6. Januar wird gefastet. Doch Nüsse, Trockenfrüchte und Honig sind erlaubt. Die Gebäcke daraus symbolisieren das Weihnachtsgeschenk der Unsterblichkeit. Im Venedig des Nordens schmecken sie mir besonders gut. Auf dem internationalen Neujahrs- und Weihnachtsmarkt gibt es Gaukler, Handwerk und viele Spezialitäten.

B&C

Makowiecbites

MOHNWICKELTALER

ZUTATEN
FÜR 40–45 STÜCK

1 Packung Blätterteig aus dem Kühlregal (Platte mit 275 g)
50 g Löffelbiskuits
250 g Mohnback (backfertige Mohnmasse)
1 Eigelb
1 Schuss Milch

Backbleche mit Backpapier

ROUTE 4

1 Backofen auf 200 °C Ober-/Unterhitze vorheizen. Den Blätterteig 10 bis 15 Minuten vor der Verwendung aus dem Kühlschrank nehmen. Die Löffelbiskuits in einem Blitzhacker oder einem Gefrierbeutel mit einem Nudelholz fein zerbröseln. Mit dem Mohnback mischen. Es entsteht eine eher bröselig-trockene Masse.

2 Eigelb und Milch zu einer Eistreiche verquirlen und bereitstellen. Die Längsseiten der Blätterteigplatte sind im Folgenden die Ober- und Unterkanten. Die Mohn-Biskuit-Masse gleichmäßig über die Blätterteigplatte bröseln, dabei am oberen Rand 2 Zentimeter Rand frei lassen. Den Rand mit Eistreiche einpinseln.

3 Die Mohnmasse etwas andrücken und von der unteren Längsseite her eng aufrollen. Den Rand gut andrücken, damit sich der Wickel beim Backen nicht öffnet.

4 Die Rolle in 5 Millimeter dicke Scheiben schneiden. Die Wickeltaler mit etwa 4 Zentimetern Abstand auf vorbereitete Backbleche legen. Mit Eistreiche bepinseln und auf der mittleren Schiene 12 bis 15 Minuten backen. Auf einem Kuchengitter auskühlen lassen.

Die Taler bleiben in einer Blechdose gut 7 Tage frisch und knusprig.

Die Story

Polens Hauptstadt ist um Weihnachten herum mit seinen unzähligen Lichtinstallationen atemberaubend. Urbane Hippster treffen sich nach einem Bummel durch die glitzernden Gassen in Milchbars, wo es zu einem guten Preis wunderbare Hausmannskost gibt. Etwa Mohnkuchen, der um die Festtage traditionell als Wickelkuchen gegessen wird.

ROUTE 4

Weihnachts-Cheesecakes

ZUTATEN
FÜR 12 STÜCK

Mürbeteig
250 g Dinkelmehl Type 630
1 Prise Salz
1 Pck Vanillezucker
125 g zimmerwarme Butter
1 Ei
½ EL Honig
etwas Mehl zum Arbeiten

Streusel
1 EL Dinkelmehl
1 TL Zimt, gemahlen

Käsemasse
500 g Magerquark
130 g Zucker
Mark von 1 Vanilleschote
140 g Butter, geschmolzen
2 Eier
35 g Speisestärke

Außerdem
2 EL Puderzucker
½ TL Zimt, gemahlen

Ausstecher oder Glas 10 cm ∅
12er-Muffinform, gefettet

1 Für den Mürbeteig Mehl mit Salz und Vanillezucker mischen. Mit den restlichen Zutaten von Hand zügig zu einem glatten Teig verkneten. In Frischhaltefolie gewickelt mindestens 30 Minuten im Kühlschrank ruhen lassen.

2 Den Teig auf einer bemehlten Arbeitsfläche 5 Millimeter dünn ausrollen. 12 Kreise mit 10 Zentimetern Durchmesser ausstechen und in die Mulden des vorbereiteten Muffinblechs legen. An den Rändern etwas andrücken. Bis zur Weiterverarbeitung kühlen.

3 Den übrigen Teig mit 1 Esslöffel Mehl und 1 Teelöffel Zimt vermischen und mit den Fingerspitzen zu Streuseln verreiben. Beiseitestellen.

4 Den Backofen auf 180 °C Ober-/Unterhitze vorheizen. Für die Füllung Quark mit Zucker und Vanillemark in einer Rührschüssel cremig aufschlagen. Dann die Butter unterrühren. Nacheinander beide Eier einarbeiten. Zum Schluss die Speisestärke unterziehen.

5 Die Käsemasse gleichmäßig auf die Mulden des Muffinblechs verteilen und Zimtstreusel darübergeben. Auf der mittleren Stufe 25 bis 30 Minuten backen. Kurz in der Form abkühlen lassen, dann vorsichtig aus der Form lösen und auf einem Kuchengitter auskühlen lassen. Zum Servieren Puderzucker und Zimt mischen und die Mini-Käsekuchen damit abstauben.

Die Story

Berlins Adventsmärkte sind so vielfältig wie die Stadt selbst. Neben den großen in Spandau oder am Gendarmenmarkt gibt es noch den Weihnachtsnaschmarkt, den grünen, den dänischen, den chinesischen … und zum Schluss das Holyshitshopping im Kraftwerk. Danach zur Stärkung ein guter alter Käsekuchen – im hippen Ministyle und mit weihnachtlichen Gewürzen.

FROM
Berlin
WITH LOVE

ROUTE 4

Plumcakes

CHRISTMAS-PUDDING-CUPCAKES

ZUTATEN
FÜR 10 STÜCK

Christmaspudding-Gewürz
8 TL Koriander, gemahlen
8 TL Zimt, gemahlen
8 TL Muskatnuss, gemahlen
2 TL Piment, gemahlen
2 TL Nelken, gemahlen

Cupcake-Sponges
175 g Mehl
1 ½ TL Backpulver
100 g Rohrohrzucker
1 Prise Salz
40 g Butter
120 ml Milch
60 g heller Zuckerrübensirup
1 Ei
50 g Rosinen
30 g gehackte Mandeln
1 TL Christmaspudding-Gewürz
1 TL Zimt, gemahlen
1 Schuss Rum zum Bepinseln

Frosting
300 g Puderzucker
95 g Butter, zimmerwarm
30 ml Rum
Zuckerperlen nach Geschmack

10 Muffinförmchen oder 12er-Muffinblech mit 10 Papierförmchen ausgelegt
Spritzbeutel mit Sterntülle mind. 10 mm ∅

1 Für das Gewürz alle Zutaten mischen und in eine Dose oder ein Schraubglas abfüllen. Trocken und dunkel gelagert bleibt es gut 6 Monate aromatisch.

2 Für die Cupcake-Sponges den Backofen auf 180 °C Ober-/Unterhitze vorheizen. Mehl und Backpulver in einer Schüssel mischen. Rohrohrzucker, Salz und Butter dazugeben und alles mit den Rührstäben des Handmixers zu einer krümeligen Mischung verarbeiten.

3 Milch und Zuckerrübensirup in einem kleinen Topf leicht erwärmen, zur Mehlmischung gießen und alles zu einer glatten Masse verarbeiten. Dann das Ei unterrühren. Rosinen, Mandeln, Gewürz und Zimt vermischen und unter die Masse rühren.

4 10 vorbereitete Förmchen zu je 2/3 mit Teig befüllen. Auf der mittleren Schiene 20 Minuten backen. Stäbchenprobe. Kurz in der Form ruhen lassen, dann auf ein Kuchengitter setzen und noch warm mit Rum bepinseln. Vollständig abkühlen lassen.

5 Für das Frosting Puderzucker in eine Schüssel sieben und mit der Butter glatt rühren. Dabei nach und nach den Rum einlaufen lassen. Die Creme in einen Spritzbeutel mit Sterntülle füllen und auf die Küchlein dressieren. Nach Belieben mit Zuckerperlen bestreuen.

Die Story

London im Winter ist einzigartig: shoppen auf dem Trafalgarsquare, den Christbaum bewundern, Familienspaß in Winterville und dann gleich dort abfeiern oder eines der vielen festlichen Konzerte besuchen. Und schlemmen. Meine vom Plumpudding inspirierten Cupcakes sind zur Sicherheit an den nichtenglischen Gaumen angepasst.

DELICIOUS!

Pandoros to go

MIT VANILLE UND KARDAMOM

ZUTATEN
FÜR CA. 8 STÜCK

Hefeteig
30 ml Milch
50 g Zucker
20 g frische Hefe
230 g Mehl + etwas zum Arbeiten
75 g Butter, zimmerwarm
1 zimmerwarmes Ei
Abrieb von ½ Bio-Zitrone
½ TL Salz
1 Pck Vanillezucker
½ TL Kardamom, gemahlen
¼ TL Zimt, gemahlen

Deko
Puderzucker zum Bestäuben

8 Silikonförmchen oder gefettete Backförmchen 5,5 cm Ø, z. B. für große Canelés

ROUTE 4

1 Milch lauwarm erhitzen. Zucker dazugeben, Hefe hineinbröseln und auflösen. Abgedeckt und warm gehen lassen, bis sich Bläschen bilden. Mehl in eine Rührschüssel geben und eine Mulde hineindrücken. Die Hefemilch dazugeben, etwas Mehl darüberstreuen und nochmals 20 Minuten gehen lassen.

2 Butter, Ei, Zitronenabrieb, Salz, Vanillezucker und Gewürze zum Vorteig geben und alles in 5 Minuten zu einem glatten Hefeteig verkneten. Mindestens 1 Stunde zur doppelten Größe aufgehen lassen.

3 Den Teig auf einer bemehlten Arbeitsfläche nochmals kurz durchkneten. 8 Portionen abteilen und in die vorbereiteten Förmchen geben. Etwas hineindrücken. Sie sollten zu etwa 2/3 gefüllt sein. Je nach Form können es mehr oder weniger Pandoros werden. Backzeit nach Bedarf anpassen. Nochmals gehen lassen, bis der Teig die Förmchen ausfüllt. Das kann 1 bis 2 Stunden dauern.

4 Den Backofen rechtzeitig auf 160 °C Ober-/Unterhitze vorheizen. Die Pandoros auf der untersten Schiene 25 bis 35 Minuten goldbraun backen. 5 bis 10 Minuten in der Form ruhen lassen. Dann aus der Form lösen und auf einem Kuchengitter vollständig erkalten lassen. Vor dem Servieren dick mit Puderzucker bestäuben.

Die Pandoros schmecken am besten frisch. Luftdicht verpackt bleiben sie einige Tage saftig.

Die Story

Die ewige Stadt ist nicht nur wegen der Krippe am Petersdom und dem prächtigen Baum vor dem Kolosseum ein Erlebnis. Tradition, Antike und Moderne versammeln sich, wie auch Tausende Stare, in der Metropole. Und am 24. um Mitternacht wird aufs Christkind angestoßen, mit Prosecco und Panettone oder Pandoro.

Buon natale!

Minigugl de noël

MIT GEWÜRZEN UND INGWER

ZUTATEN
FÜR CA. 20 STÜCK

Quatre-Epices-Gewürz
8 TL schwarzer Pfeffer, gemahlen
3 TL Muskatnuss, gemahlen
2 TL Nelken, gemahlen
1 TL Ingwer, gemahlen

Teig
50 g Butter, zimmerwarm
40 g Puderzucker
½ TL Vanillezucker
1 Ei
50 g Mehl
25 g gemahlene blanchierte Mandeln
½ TL Backpulver
½ TL Quatre-Epices-Gewürz

Deko
nach Geschmack ca. 50 g Zartbitter-kuvertüre, klein gehackt

Mini-Gugl-Form, gefettet

1 Für das Quatre-Epices-Gewürz alle Zutaten mischen und in einem kleinen Schraubglas aufbewahren. Eignet sich auch wunderbar für Pasteten, Würste oder Wild-ragouts. In hübschen kleinen Gläschen außerdem ein wunderbares Wichtelgeschenk für die Vorweihnachtszeit.

2 Für den Teig den Backofen auf 180 °C Ober-/Unterhitze vorheizen. Butter, Puderzucker und Vanillezucker hell-cremig mixen. Dann das Ei kräftig mit aufschlagen.

3 Mehl, Mandeln, Backpulver und Gewürzmischung mischen und unter die Ei-Butter-Mischung ziehen. Den Teig in die vorbereitete Form füllen. Auf der mittleren Schiene 8 bis 10 Minuten backen. Die Gugl in der Form abkühlen lassen. Dann vorsichtig herauslösen.

4 Nach Wunsch die Zartbitterkuvertüre über dem Wasserbad schmelzen und die Gugl damit überziehen.

ROUTE 4

Die Story

Hier findet seit 1570 der älteste Weihnachtsmarkt Frankreichs, der Christkindlesmärik statt. Die Capitale de Noël lockt außerdem mit vielen weiteren Attraktionen, einem prächtigen Christbaum, dem Markt der elsässischen Spezialitäten und würzigen Köstlichkeiten, wie Bredele, Lebkuchen und natürlich dem Kougelhopf. Meine Gugl sind die Synthese all dieser Eindrücke.

Die Story

Weihnachten de luxe auf den zauberhaft beleuchteten Champs-Élysées, mit Austern, Champagner und einem Stück Bûche de Noël. Die großen Boulevards erstrahlen jedes Jahr in neuem Design. Natürlich habe ich mein süßes Weihnachtssouvenir nicht im traditionellen Schoko-Rinden-Design gebacken. Die Hommage an die Modehauptstadt kommt im schicken Naked-Cake-Design daher.

ROUTE 4

Noël nouveau

NAKED BÛCHE DE NOËL

ZUTATEN
FÜR 1 KUCHEN

Cranberries
100 g Zucker
120 ml Wasser
100 g frische Cranberries
100 g Zucker zum Wälzen

Füllung
130 g weiße Schokolade, klein gehackt
150 g Frischkäse Doppelrahmstufe
120 g Mascarpone
50 g Butter, zimmerwarm
1 Pck Vanillezucker
120 g Puderzucker

Biskuit
4 Eier
100 g Zucker
100 g Mehl
20 g Kakaopulver
½ TL Ingwer, gemahlen
¼ TL Salz
½ TL Zimt, gemahlen
¼ TL Pfeffer, gemahlen

Backpapier
Backblech mit Backpapier
sauberes Geschirrtuch und
2–3 Esslöffel Zucker

1 Für die Cranberries Zucker und Wasser erhitzen, bis sich der Zucker gelöst hat. Nicht kochen. Die Cranberries in einer Schüssel damit übergießen. Abgedeckt über Nacht im Kühlschrank ziehen lassen. Am nächsten Tag abgießen und mit Küchenpapier leicht trocken tupfen. Anschließend in Zucker wälzen. Auf Backpapier gut 3 Stunden trocknen lassen, bis sich eine Zuckerkruste bildet.

2 Für die Füllung die weiße Schokolade über dem Wasserbad schmelzen. Handwarm abkühlen lassen. Inzwischen in einer Rührschüssel Frischkäse, Mascarpone und Butter cremig rühren. Vanillezucker und Puderzucker untermischen. Die geschmolzene Schokolade unterrühren. Abgedeckt im Kühlschrank gut 3 Stunden fest werden lassen.

3 Für den Biskuit den Backofen auf 200 °C Ober-/Unterhitze vorheizen. Eier und Zucker hell-cremig und schaumig aufschlagen. Mehl, Kakao und Gewürze mischen, über die Eimasse sieben und unterheben. Die Biskuitmasse auf ein vorbereitetes Backblech streichen und auf der mittleren Schiene 10 bis 12 Minuten backen.

4 Ein sauberes Geschirrtuch mit Zucker bestreuen. Den Biskuit aus dem Ofen nehmen und mithilfe eines Blechs auf das Tuch stürzen. Backpapier abziehen. Die Biskuitplatte mithilfe des Tuchs von der kurzen Seite her aufrollen. Etwas abkühlen lassen, damit die Creme nicht zerfließt. Aber nicht zu lange warten, sonst bricht der Teig.

5 Den Boden anschließend vorsichtig entrollen und die Füllung mit einem Spatel darauf verstreichen. Wieder einrollen und mit der Naht nach unten auf eine Kuchenplatte legen. Mit den gezuckerten Cranberries dekorieren.

Die Story

Weihnachten feiert man in Amerika am 25.12. Und in New York am schönsten. Wie Carrie Bradshaw fröne ich dort am liebsten einem ausgedehnten Schaufensterbummel. Denn die sind im Advent als Geschenk an die Kunden aufs Liebevollste dekoriert. Und was gehört noch zu einem New-York-Besuch? Cheesecake natürlich!

New-York-Christmas-Cheesecake

ZUTATEN
FÜR 1 KLEINEN KUCHEN

Boden
50 g Butter
130 g Gewürzspekulatius

Käsemasse
900 g Frischkäse
200 g Zucker
1 Pck Vanillezucker
30 g Mehl
¼ TL Tonkabohne, gemahlen
5 Eier
90 g Crème Double

Topping
50 g brauner Zucker
(am besten heller Muscovado)
Saft von 1 Orange
100 g Orangenmarmelade
300 g gefrorene Cranberries

Springform 22 cm Ø, Boden und Rand mit Backpapier ausgekleidet

1 Für den Keksboden Butter bei schwacher Hitze schmelzen. Spekulatius in einem Blitzhacker fein mahlen oder in einem Gefrierbeutel mit dem Nudelholz fein zerbröseln. Mit der flüssigen Butter vermengen. Die Keksmasse auf dem Boden der vorbereiteten Springform verteilen und andrücken. Im Kühlschrank fest werden lassen.

2 Backofen auf 180 °C Ober-/Unterhitze vorheizen. Für die Käsemasse Frischkäse, Zucker, Vanillezucker, Mehl und Tonkabohne in einer Schüssel cremig aufschlagen. Nacheinander die Eier untermixen. Zum Schluss Crème Double unterheben.

3 Die Käsemasse auf den Keksboden gießen und auf der mittleren Schiene 15 Minuten backen. Dann die Temperatur auf 120 °C reduzieren und weitere 90 Minuten backen. Den Kuchen in der Form abkühlen lassen.

4 Für das Topping Zucker, Orangensaft und Orangenmarmelade in einem kleinen Topf unter Rühren erhitzen, bis sich der Zucker gelöst hat. Gefrorene Cranberries dazugeben und 3 bis 5 Minuten köcheln lassen. Die Cranberries sollten nicht zu weich werden. Vollständig abkühlen lassen. Zum Servieren den ganzen Kuchen oder einzelne Stücke mit der Sauce begießen.

Alle Rezepte auf einen Blick

Weihnachtsmark-Tour
Offenbacher Pfeffernüsse – *mit Honig und Gewürzen* 13
Bratäpfel im Schlafrock – *mit Mandeln und Aprikosenkonfitüre* 15
Nikolausschiffchen – *mit Glühweingelee und Zimtsahnehaube* 17
Striezelmuffins – *mit Marzipan, Haselnüssen und Rosinen* 18
Schneeballen – *mit Amaretto und Sauerrahm* 20
Fudgesterne – *mit weißer Schokolade und Lebkuchengewürzen* 22
Münchner Ministollen – *mit gebrannten Zimtmandeln* 25

Weihnachtshygge-Tour
Gløggtrüffel – *mit Glühwein, Honig und dunkler Schokolade* 29
Goro – *Adventswaffeln mit Kardamom und Vanille* 31
Pfefferkuchensterne – *mit Gewürzen und Mandeln* 32
Joulutorttu – *mit Zimt, Ricotta und Pflaumenmus* 34
Runebergtörtchen – *mit Mandeln und Sirup* 36
Lussekatter – *Hefekringel mit Safran* 39
Reistorte – *mit Mandeln und Grütze* 41

Bergweihnachts-Tour
Biberli – *Lebkuchen mit Mandelfüllung* 45
Lindauer Möckle – *mürbe Kekse mit Amaretto* 46
Chiemseer Punschkrapferl – *Windbeutel mit Punschfüllung* 48
Zimtkiacherl – *mit Vanille und Preiselbeeren* 51
Weihnachtsnockerl – *mit Vanille und Zimtzucker* 53
Kärntner Lebzeltenschnitten – *mit Gewürzen, Rosinen und Honig* 54
Weihnachtssacher – *mit Gewürzen und Ananasmarmelade* 57

Weihnachtsglamour-Tour
Sochelnikcookies – *Honigkuchen mit Pflaumenmus* 61
Makowiecbites – *Mohnwickeltaler* 63
Weihnachts-Cheesecakes – *mit Honigmürbeteig und Zimtstreuseln* 64
Plumcakes – *Christmas-Pudding-Cupcakes* 66
Pandoros to go – *mit Vanille und Kardamom* 68
Minigugl de noël – *mit Gewürzen und Ingwer* 71
Noël nouveau – *Naked Bûche de Noël* 73

From New York with love
New-York-Christmas-Cheesecake – *mit Cranberry-Orangen-Topping* 75

Bezugsquellen

Zutaten
Diamant Zucker
www.diamant-zucker.de
Zucker und Puderzucker

Ludwig von Kapff
www.ludwig-von-kapff.de
Weinhandel

Backzubehör
Städter
www.staedter.de
Backformen und Ausstecher, Spritzbeutel und Spritztüllen, Schaumrollen

Silikomart
www.silikomart.com
Silikonformen für Kuchen, Pralinen und Co.

Hobbybäcker
www.hobbybaecker.de
Backzubehör, Dekor, Gewürze, Aromen

Deko
Villeroy & Boch
www.villeroy-boch.com
Geschirr, Besteck, Dekoration

Wir danken allen Sponsoren, die uns bei diesem Buch tatkräftig unterstützt haben:

DER AUTOR TOBIAS MÜLLER …

ist die Kuchenbäcker-Blog-Instanz. Er hat eine große Fangemeinde, zahlreiche namhafte Kooperationspartner und wird für Events gebucht. Neben dem Reisen liebt er es, inspiriert von internationalen Backstuben, in der Küche zu experimentieren.
Weitere Infos unter:
www.kuchenbaecker.com

Vielen Dank
Ich danke allen, die mich bei meinen Projekten uneingeschränkt unterstützen:
Allen voran meiner Familie (Doris, Willi, Nina, Falko, Paul, Noah, Jakob, Jesse, Rita und Leo, Liesel und Friedhelm, Elke und Klaus).
Jonas und Lennard, die in Dänemark die Stange halten.
Meiner Oma, die gerade vermutlich mit den Engeln Plätzchen backt.
Silvia Caetano (www.vollelotte.de) für ihr offenes Ohr und dafür, dass ich mich immer auf sie verlassen kann.
Simone Struve, die mich, ohne es zu ahnen, immer wieder aufs Neue inspiriert und auf abgefahrene Ideen bringt. Danke dafür.
Claudia Claussen, der ich immer noch eine Buchparty schuldig bin. Diesmal machen wir Nägel mit Köpfen!
Mara Hörner (www.lifeisfullofgoodies.com), danke für den ganzen Input, die kurzweiligen Gespräche und überhaupt danke für alles.
Julia Cawley und Saskia van Deelen für die tolle Zusammenarbeit und die wunderschönen Fotos.
Sonja Forster, der immer noch weltbesten Lektorin. Danke für Deinen Einsatz, Deine Geduld, Dein offenes Ohr, Deine Begeisterung und dass Du alles mitmachst.
Meinem Verlag, dem BLV-Buchverlag.
Luna natürlich, same procedure as last year.
Und Meik Büdenbender, ohne den ich die ganzen Kuchen und Torten vermutlich alleine essen müsste.
Danke für Deine Unterstützung in allen Lebenslagen.

DIE FOODSTYLISTIN SASKIA VAN DEELEN …

lebt in Hamburg, ist Diplom-Kauffrau und kocht, backt, schreibt und fotografiert leidenschaftlich gern. Sie betreibt den Foodblog Dee's Küche und studiert dazu Ernährungsberatung. Zum Bloggen kam sie über ihre Kinder, die nach Lieblingsgerichten und einfachen, leckeren, gesunden Rezepten für ihre erste eigene Küche fragten.
Weitere Infos unter:
www.deeskueche.de

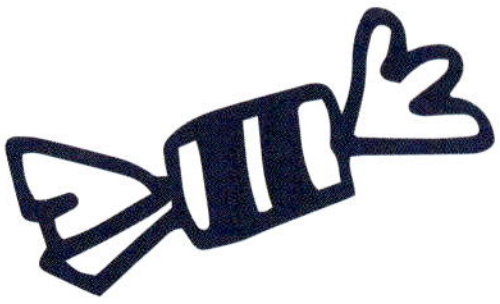

DIE FOOD-FOTOGRAFIN JULIA CAWLEY …

lebt nach 5 Jahren in New York derzeit mit Mann und Tochter in Hamburg. Sie liebt alles was gut schmeckt und aussieht. Zu sehen ist ihre Arbeit auf ihrem Food Blog Liz & Jewels und in diversen Kochbüchern und Food Magazinen.
Weitere Infos unter:
www.deerfoodphoto.com;
http://www.lizandjewels.com/

Vielen Dank
Ich danke Fee für die unermüdliche Hilfe in der Backstube, insbesondere wenn sie uns Lieder vorgesungen hat, wenn die Energie gerade einen neuen Schub brauchte. Außerdem danke ich Raed Omr, Michael Cawley und ganz besonders meiner Küchenfee Saskia.

WEITERE BÜCHER VON TOBIAS MÜLLER BEI BLV

128 Seiten, 110 Abbildungen
ISBN 978-3-8354-1691-8

144 Seiten, 85 Abbildungen
ISBN 978-3-8354-1402-0

Impressum

Bibliografische Information der Deutschen Nationalbibliothek

Die Deutsche Nationalbibliothek verzeichnet diese Publikation in der Deutschen Nationalbibliografie; detaillierte bibliografische Daten sind im Internet über http://dnb.d-nb.de abrufbar.

BLV Buchverlag GmbH & Co. KG
80636 München

Bildnachweis
Foodfotografie: Julia Cawley
Foodstyling: Saskia van Deelen, Julia Cawley

Grafiken: Julia Romeiß

Umschlagkonzeption und -gestaltung: Julia Romeiß
Umschlagfotos: Julia Cawley

Lektorat: Sonja Forster
Herstellung: Hermann Maxant
Layoutkonzept Innenteil: Julia Romeiß
Layout/DTP: Uhl + Massopust, Aalen

Gedruckt auf chlorfrei gebleichtem Papier

Printed in Slovakia
ISBN 978-3-8354-1755-7

Hinweis
Das vorliegende Buch wurde sorgfältig erarbeitet. Dennoch erfolgen alle Angaben ohne Gewähr. Weder Autor noch Verlag können für eventuelle Nachteile oder Schäden, die aus den im Buch vorgestellten Informationen resultieren, eine Haftung übernehmen.

www.facebook.com/blvVerlag